O Nascimento da Imprensa Brasileira

Isabel Lustosa

O Nascimento da Imprensa Brasileira

segunda edição

ZAHAR

Para Luiz Maurício Duarte Pereira,
com carinho

Jorge Zahar Editor Ltda.
rua Marquês de S. Vicente 99 – 1º | 22451-041 Rio de Janeiro, RJ
tel (21) 2529-4750 | fax (21) 2529-4787
editora@zahar.com.br | www.zahar.com.br

Edição anterior: 2003

Capa: Sérgio Campante
Composição eletrônica: TopTextos Edições Gráficas Ltda.

CIP-Brasil. Catalogação-na-fonte
Sindicato Nacional dos Editores de Livros, RJ.

Lustosa, Isabel, 1955-
L99n O nascimento da imprensa brasileira / Isabel Lustosa.
2.ed. — 2.ed. — Rio de Janeiro: Zahar, 2004.
il. – (Descobrindo o Brasil)

Inclui bibliografia
ISBN 978-85-7110-715-1

1. Jornalismo – Brasil – História. 2. Imprensa e política – Brasil – História. 3. Jornais brasileiros – História. I. Título. II. Série.

CDD: 079.81
04-0741 CDU: 070(81) (091)

Sumário

Créditos das ilustrações

1. Gravação de H.R. Cook, impressão de G.H. Harlow, 1811.
2. Reproduzido de *Correio Braziliense*, edição fac-similar. São Paulo, Imprensa Oficial, 2001.
3, 4 e 5. Litografia de Sebastião Augusto Sisson, s/d.
6. Reproduzido de Coleção Fac-similar de Jornais Antigos. Rio de Janeiro, Zelio Valverde, 1944.
7. Gravação de Pinheiro, s/d.
8. Litografia de Sebastião Augusto Sisson, 1859.
9. Reproduzido de Coleção Fac-similar de Jornais Antigos. Rio de Janeiro, Zelio Valverde, 1945.

Introdução

O Brasil colonial, ao contrário de alguns de seus vizinhos na América Latina, não tinha universidade. Era também um dos únicos países do mundo, excetuados os da África e da Ásia, que não produzia palavra impressa. Até 1808, data da chegada de d. João VI, as letras impressas eram proibidas aqui. As poucas tentativas de se estabelecerem tipografias esbarraram na intransigência das autoridades portuguesas.

Imprensa, universidades, fábricas — nada disso nos convinha, na opinião do colonizador. Temiam os portugueses deixar entrar aqui essas novidades e verem, por influência delas, escapar-lhes das mãos a galinha dos ovos de ouro que era para eles o Brasil. A vinda do rei alterou muita coisa. A mais importante delas foi o status político e econômico do Brasil. Com a abertura dos portos às nações amigas quebrou-se o monopólio com Portugal e o país viu florescer o comércio. O isolamento português com a presença francesa em seu território europeu fez com que o governo investisse na criação de fábricas de ferro, pólvora, vidro na colônia americana. Também havia a necessidade de se fazer imprimir os atos do governo e de divulgar notícias interessantes à Coroa. Daí ter-se implantado aqui também, logo após a chegada do rei, a imprensa.

Era inegavelmente uma mudança radical na vida e nos costumes da antiga colônia. Essa mudança seria seguida, quatorze anos depois, pela Independência. Mas, entre a chegada do rei e o Sete de Setembro de 1822, uma sucessão de acontecimentos internacionais e locais formariam o caldo em que foi sendo cozida a Independência do Brasil. O elemento mais importante para esse processo foi mesmo a mudança do centro de poder português de Lisboa para o Rio de Janeiro, com todas as suas conseqüências. Dessas, as mais decisivas foram: a revolução constitucionalista do Porto, em 1820, e a liberação da imprensa no Brasil. Durante aqueles anos, a ação doutrinária de Hipólito da Costa, através do *Correio Braziliense*, difundindo na América os ideais do liberalismo e as vantagens do sistema de governo baseado na Constituição foi também fundamental.

É interessante chamar a atenção para as datas que marcaram o surgimento (1808) e o desaparecimento (1822) do primeiro jornal brasileiro. Ele surgiu, portanto, num momento fundamental de nossa história — quando o Brasil foi sacudido pela onda de cultura e progresso provocada pela presença do rei e de sua Corte no Rio de Janeiro — e deixou de existir no ano em que foi proclamada a nossa Independência. Durante quatorze anos um brasileiro que nascera no Uruguai, se formara em Portugal, conhecera os Estados Unidos antes e melhor que qualquer outro de seu tempo e que viveria a maior parte de sua vida na Inglaterra se dedicou a publicar um jornal para o Brasil.

Um brasileiro na Corte do rei George: do como e do porquê nossa imprensa nasceu no exílio

Em 1805, Hipólito da Costa chegou a Londres. Vinha fugido de Portugal, onde estivera preso por obra e graça do Santo Ofício. Três anos padecera no cárcere submetido a longos e penosos interrogatórios. Num relato que publicou seis anos depois de chegar à Inglaterra, ele daria conta aos ingleses do absurdo que era viver num país europeu submetido ao sistema da Inquisição em plena idade das Luzes.

Hipólito José da Costa Furtado de Mendonça nascera em 1764 na colônia de Sacramento, na Cisplatina — aquela parte do Brasil que foi depois formar o Uruguai. Crescera no Rio Grande, em família que conquistara riqueza e prestígio na região de Pelotas. Moço ainda partira para Coimbra, formando-se ali em 1794. Em 1798, ele deixava Lisboa rumo aos Estados Unidos da América. Ia em missão especial do governo português e viveria na América dois anos. Sua missão consistia em recolher sementes e espionar um pouco dos avanços tecnológicos.

Hipólito deixou nas páginas de seu diário um registro que é um documento fascinante da vida cultural e das instituições americanas do final do século XVIII. Através de seu olhar inteligente, ficamos conhecendo o lugar da mulher, do negro e do índio naquela sociedade. Não podemos deixar de alimentar uma pontinha de inveja da maneira como, naqueles tempos remotos, os Estados Unidos não só já contavam com instituições sociais, políticas e culturais avançadas, como conheciam a imprensa livre e os processos eleitorais adiantados. Ali também já funcionavam várias universidades, e a limpeza e a ordem que reinavam em suas prisões e hospitais era realmente admirável. Hipólito viu tudo isso e comparou com o Brasil e com o Portugal que conhecera: atrasados, obscuros, dominados por uma aristocracia tacanha, vivendo sob um regime absolutista em que a Inquisição, da qual ele logo se tornaria uma vítima, ainda dominava.

Da América, ele trouxe a vontade de progresso e o amor à liberdade. Envolvera-se lá com a maçonaria, ordem secreta cujos ritos pressupunham a liberdade religiosa que Portugal não permitia. De volta a Lisboa, em 1800, assumiria seu lugar de funcionário da Impressão Régia, responsável pela publicação de livros de técnica e de economia. Paralelamente a seu trabalho, desenvolveria intensa atividade junto à nascente maçonaria portuguesa. Uma viagem oficial a Londres, em 1802, o poria em contato também com a maçonaria inglesa, então a mais forte e importante do mundo, da qual eram membros os filhos do rei George III. De um deles, Augusto Frederico, o duque de Sussex, Hipólito se tornaria grande amigo.

Foi por conta dos contatos que fez em Londres que Hipólito foi preso logo depois de retornar de viagem. Seus amigos maçons, dentre eles o duque de Sussex, que viveu em Lisboa de 1801 a 1804, moveram mundos e fundos para tirá-lo da prisão. Mas a força do Santo Ofício em Portugal era ainda enorme, e foi só mesmo fugindo que Hipólito conseguiu escapar da prisão, em 1805.

A vinda da Corte para o Brasil e o *Correio Braziliense*

Algum tempo depois Hipólito desembarcava em Londres. A tradicional solidariedade dos irmãos maçons garantiu-lhe inicialmente a sobrevivência. Durante aquele começo de vida na Inglaterra, Hipólito se virou como tradutor e professor de português, colaborando em uma obra sobre a história de Portugal e em uma gramática. Dividia-se entre essas ocupações quando, em 1808, um fato novo o levou a se tornar o primeiro jornalista brasileiro.

Esse fato novo foi a mudança do príncipe regente de Portugal, o futuro rei, d. João VI, com toda a sua Corte para o Brasil. D. João vinha fugido da onda napoleônica que tomara toda a Europa. Até a invasão de Portugal pelos exércitos franceses em novembro de 1807, a política de d. João consistira num equilíbrio delicado entre as pressões da França para que ele rompesse com a Inglaterra e as da Inglaterra — único país europeu que, naquele momento, consistia num desafio para a França —, que tentava manter Portugal sob o seu domínio.

Eram dois povos poderosos se enfrentando numa longa guerra e forçando os reinos mais fracos a tomarem posição. Dentre estes últimos estavam Portugal e Espanha. De conquista em conquista, o imperador francês, Napoleão Bonaparte, controlava no começo do século XIX, direta ou indiretamente, a maior parte do continente. A Espanha já estava sob seu poder e Bonaparte pretendia avançar também sobre o pequeno Portugal, a fim de controlar suas ricas colônias, das quais a mais cobiçada era o Brasil.

O rei da Espanha aderira facilmente aos franceses. O tratamento que Carlos IV recebera de seu aliado francês não estimulava d. João a tomar o mesmo caminho. Carlos IV fora obrigado a renunciar à coroa e estava prisioneiro de Napoleão, caminho que seguiria também seu filho Fernando VII, para dar lugar a que José Bonaparte viesse a ser coroado rei de Espanha, em

1808. Os rumores de que o projeto francês para Portugal era a divisão do reino também não estimulavam a vontade de fazer aliança com tal vizinho. Depois de muitas hesitações, d. João decidiu-se a aceitar a proteção inglesa e embarcou, em 27 de novembro de 1807, para o Brasil. Dois dias depois os franceses invadiam Lisboa.

A vinda para o Brasil do príncipe regente (que governava Portugal no lugar de sua mãe, d. Maria I, desde que esta enlouquecera) era algo completamente inédito. Hipólito reconheceu nesse fato histórico único — o de uma cabeça coroada reinando na América — a oportunidade de uma transformação institucional profunda para o Brasil e para Portugal. A presença de d. João no Brasil era a possibilidade de progresso e desenvolvimento para a sua pátria: quem sabe não seria esse o começo de um novo ciclo para a nossa história? Quem sabe agora o Brasil não passaria a ter indústrias, universidades e imprensa? Quem sabe não se poderia adotar um novo sistema, providenciando para que as instituições que se implantassem aqui fossem de fato modernas, avançadas, para que os preconceitos e os vícios do Estado português não fossem transplantados para o Brasil?

A forma que Hipólito achou para trabalhar pela mudança foi a palavra impressa e livre de censuras, tal como ele via ser a prática no país que o acolhera. A Inglaterra era um país livre, onde a monarquia constitucional era um fato; onde o Parlamento realmente funcionava e limitava o poder do rei; onde havia uma imprensa livre. Hipólito percebia a importância dessas duas instituições para o funcionamento das outras. Além do mais, sendo amigo do filho do rei, o duque de Sussex, tornara-se protegido pelas leis inglesas e sentia-se seguro para fazer observações e críticas à administração dos negócios portugueses que nenhum outro súdito português ousara até então.

Um jornal com pose de livro

Foram esses fatos que motivaram Hipólito da Costa a publicar em Londres, a partir de 1º de junho de 1808, aquele que foi o primeiro jornal brasileiro. Chamou-o de *Correio Braziliense* porque, naquele começo de século XIX, chamava-se brasileiros aos comerciantes que negociavam com o Brasil e brasilianos aos índios. Brazilienses eram os portugueses nascidos ou estabelecidos no Brasil e que se sentiam vinculados ao Brasil como à sua verdadeira pátria. Ao dar a seu jornal o nome de braziliense, Hipólito demonstrava que queria enviar sua mensagem preferencialmente aos leitores do Brasil.

Uma curiosidade para os nossos dias é o formato desse jornal. Na verdade, não só na forma como no conteúdo, a maior parte dos jornais da virada do século

XVIII para o XIX pouco se parecem com os nossos jornais de hoje. O próprio papel da imprensa naquele contexto era visto de outra maneira. Num tempo em que o acesso à educação era tão menos democrático, em que vivíamos a mudança do mundo a partir das idéias disseminadas pelo Iluminismo ao longo do século anterior, a imprensa se firmara como um importante difusor das chamadas Luzes. Naquele contexto, o jornalista se confundia com o educador. Ele via como sua missão suprir a falta de escolas e de livros através dos seus escritos jornalísticos.

Assim, não é de se estranhar que o jornal tivesse o tamanho e a forma de um livro, nem que fosse composto de longos e densos artigos onde a informação era veiculada de forma circunstanciada e analítica em textos que, às vezes, se prolongavam por vários números seguidos. Era assim o *Correio Braziliense*; cada número tinha cerca de 100 páginas e era dividido em sessões: política, comércio e artes, literatura e ciências, miscelânea e, eventualmente, correspondência. Na miscelânea, Hipólito incluía as "Reflexões sobre as novidades do mês". Era a parte mais interessante do *Correio*, não obstando que figurassem nas outras partes comentários de Hipólito. Eventualmente, ao resenhar alguns livros ou documentos, ele alternava citações com análises e observações críticas. Foi nas "Reflexões sobre as novidades do mês" que Hipólito expressou de forma mais organizada e consistente seus projetos para o Brasil e suas posições políticas. Por isso elas são a parte mais importante do *Correio* não só para a história de nossa imprensa, como também para a história das idéias no Brasil.

A maior parte do jornal era dedicada à publicação de documentos relativos aos acontecimentos que iam pelo mundo afora, além de notícias que o jornalista colhia nas gazetas internacionais. Esse era o noticiário mais atualizado possível que poderia chegar ao Brasil. E, de fato, através do *Correio Braziliense*, puderam os brasileiros acompanhar, com riqueza de detalhes, toda a trajetória de Napoleão rumo à derrota final em Waterloo, e ao seu melancólico exílio em Santa Helena.

Outro fato internacional que puderam seguir graças ao *Correio* foi o processo de independência das colônias espanholas na América. As fontes do jornalista eram as melhores possível, pois é bem provável que ele fosse municiado de informações pelos próprio libertadores (Miranda, Bolívar, San Martin e O'Higgens), dos quais se tornara amigo na Inglaterra, através da maçonaria. Há quem diga que Hipólito teria colaborado pessoalmente com os revolucionários, fazendo a ponte entre estes e mercenários ingleses dispostos a combater pela independência da América Espanhola. Desses o mais célebre, é bom lembrar, foi lord Cochrane.

O papel do *Correio Braziliense* na nossa Independência

Mesmo cobrindo acontecimentos internacionais, todas as notícias que se imprimiam no *Correio* tinham como alvo o Brasil e seu possível público leitor. Era para informar os brasileiros do que se passava no mundo, para influir sobre seus espíritos direcionando-os no sentido das idéias liberais, para chamar a atenção para o caráter daninho do Absolutismo ou de qualquer forma de despotismo que Hipólito escrevia. Por isso boa parte do jornal era dedicada a comentar e a criticar as autoridades portuguesas e os seus equívocos administrativos. Hipólito defendia a gradativa substituição do trabalho escravo pelo trabalho livre. Achava que o meio certo para isso era a imigração de europeus pobres para o Brasil. Mas achava também que para esse processo dar certo era preciso que o Brasil tivesse leis claras e eficazes, que o Estado reduzisse a sua interferência sobre as ações da sociedade. Ele era contra os monopólios que constrangiam o progresso do comércio e da indústria; queria a transparência das contas públicas, uma maior participação do povo na política, mas que esta não se confundisse com a liderança do processo de transformação do sistema de governo. Pois ele não era um democrata: queria que as reformas fossem feitas pelo governo antes que o povo as fizesse. Acreditava que a monarquia constitucional tal como conhecia na Inglaterra era o melhor dos governos possíveis.

Logo após a chegada de d. João ao Brasil, o país experimentou um surto de progresso e crescimento cultural que teve início com a abertura dos portos às nações amigas, medida que determinou o fim do asfixiante monopólio com Portugal. A implantação dos serviços administrativos da coroa portuguesa no Rio de Janeiro e a série de benefícios que o rei resolveu implementar dinamizaram a vida da colônia, que em 1815 seria elevada à categoria de reino. Uma série de transformações positivas marcaram os treze anos de reinado joanino no Brasil.

O idílio do Brasil com o rei português só se interrompeu em 1820, quando eclodiu em Portugal uma revolução. Era uma revolução constitucionalista, bem no espírito das que agitaram a Europa no rastro da Independência dos Estados Unidos e da Revolução Francesa. Mas era também o resultado da profunda insatisfação dos portugueses com a situação de seu país depois da vinda do rei para o Brasil, e com o enorme prejuízo que lhes resultara do fim do monopólio comercial. Também lhes incomodava o desprestígio com que se sentiam, pois com a mudança da sede da Corte para o Rio de Janeiro haviam deixado de ser metrópole para ser colônia do Brasil. Organizaram-se os revolucionários numa junta que assumiu o poder de fato do país, lançou as bases do que seria a constituição portuguesa e convocou uma assembléia constituinte. Logo seus deputados determinaram a volta de d. João VI para Portugal. O que, para desgosto do rei, se deu em 26 de abril de 1821.

A princípio a Revolução Constitucionalista do Porto, pois foi nessa cidade que ela começou, foi recebida com entusiasmo por Hipólito da Costa. A partir de seu sucesso, ele dedicaria a maior parte do *Correio Braziliense* a acompanhar seus avanços, os debates, seus erros e acertos. Mas, com a volta do rei e o início dos trabalhos da Assembléia Constituinte, começaram a ser votadas leis para o Brasil, antes mesmo que ali chegassem os deputados brasileiros. As opiniões de Hipólito passaram então a ser gradativamente mais cautelosas, para, finalmente, depois que se evidenciassem as intenções colonialistas das Cortes para com o Brasil, passarem a ser de total oposição.

Esse processo que tem início em 1820 marca também o começo do diálogo do *Correio Braziliense* com a imprensa e os liberais do Brasil. Hipólito saudou os primeiros jornais e jornalistas independentes que emergiriam na cena impressa brasileira finalmente tornada livre. Dentre os liberais brasileiros ele melhor se identificou com José Bonifácio de Andrada e com seus projetos para o Brasil, tão semelhantes aos seus próprios. Vendo coroada de êxito a nossa Independência, em 1822, Hipólito da Costa julgou encerrada a sua missão, parando de publicar o *Correio Braziliense* em novembro daquele ano. Colaborou ainda com os esforços para o reconhecimento de nossa Independência na Europa, durante o ano de 1823, ao final do qual morreu subitamente, deixando um legado que o faz ser hoje reconhecido como o fundador da imprensa brasileira.

Os primeiros jornais independentes

O primeiro jornal impresso no Brasil foi a *Gazeta do Rio de Janeiro*. Lançada em 10 de setembro de 1808, seguindo os moldes de sua irmã, a *Gazeta de Lisboa*, era uma espécie de folha oficial onde se publicavam os decretos e os fatos relacionados com a família real. Publicava também um noticiário internacional, mas este era absolutamente anódino, com as informações filtradas pela rigorosa censura da Impressão Régia de forma que nada que lembrasse liberalismo ou revolução alcançasse as vistas sugestionáveis dos súditos da coroa portuguesa. Até 1821, quando os sucessos da revolução portuguesa começaram a ter conseqüências sobre o Brasil, a única folha impressa a que o público do Rio de Janeiro tinha acesso era a tediosa *Gazeta*. Os acontecimentos daquele ano, no entanto, mudariam a cena política e, com ela, a cena impressa.

Ao partir para Portugal, d. João VI deixou aqui seu filho Pedro, como príncipe regente. Também deixou para trás um país que começava a entrar em ebulição, contaminado pelo espírito revolucionário que tomara Portugal. Liberais e maçons, animados pelas perspectivas que o processo constitucional abria para o Brasil, reuniam-se agora abertamente, sem medo da repressão que marcara os últimos anos do reinado de d. João no Rio. Essa fora conseqüência das duas revoluções de 1817, uma em Lisboa e outra em Pernambuco, na origem das quais estavam, como aliás em quase todas as revoluções do tempo, as lojas maçônicas.

Mas não foi da maçonaria que partiram os primeiros jornais independentes a circularem no Rio de Janeiro em 1821. Surpreendentemente, a primeira personalidade brasileira a publicar um periódico por sua conta e risco — e beneficiando-se já das bases da Constituição Portuguesa que asseguravam a liberdade do prelo — foi o diretor da censura. O baiano José da Silva Lisboa, que mais tarde se tornaria visconde de Cairu, era considerado o homem mais culto da Corte do Rio de Janeiro. Tendo influído diretamente na formulação do decreto que determinou a abertura dos portos, foi nomeado por d. João membro da junta de censura da Impressão Régia, exercendo papel decisivo na seleção de originais a serem publicados.

Apesar de defender o liberalismo econômico, Cairu era francamente conservador no que dizia respeito às liberdades políticas. Uma das motivações que o levaram a publicar o *Conciliador do Reino Unido* foi a vontade de chamar a atenção para os danos que a liberdade de imprensa vinha causando no mundo livre. Baseava seus argumentos, entre outros autores, nas teses de Von Gentz sobre os males da imprensa livre na Inglaterra. Esse autor, hoje esquecido, era conselheiro áulico do Imperador da Áustria, naquele momento estrela maior da Santa Aliança, da qual emanavam os mais intensos raios do Absolutismo e do sentimento contra-revolucionário.

Cairu comparava a liberdade civil e de imprensa ao "vinho espirituoso", que atordoa as cabeças fracas e arruina os estômagos débeis. Dizia que, se a censura "não obstasse os desvarios no vulgo", mais depressa se aceleraria a época das desordens totais. Achava que aqueles que sabem manejar as armas da calúnia e do ridículo, num ambiente de ampla liberdade de imprensa, teriam incomparável vantagem sobre o "sábio modesto", não só pela vulgar suposição de que "quem dá primeiro, dá duas vezes", mas também porque pessoas de espírito elevado desdenhariam medir-se com celerados. A liberdade ilimitada de imprensa, segundo Cairu, nunca existira em parte alguma, principalmente em tempos de comoção do Estado.

Além do *Conciliador do Reino Unido*, apareceriam ainda naquele primeiro semestre de 1821 dois outros jornais: *O Amigo do Rei e da Nação* e *O Bem da Ordem*.

Tal como o primeiro, esses dois jornais ainda não expressavam o sentimento dos liberais que, no Rio, começavam a se inquietar com os rumos que a revolução ia tomando em Portugal. Outro motivo de inquietação era a presença aqui das tropas portuguesas da Divisão Auxiliadora que ficara para proteger o príncipe regente. Estas eram francamente favoráveis às Cortes, tendo participado de forma direta dos movimentos que agitaram o Rio de Janeiro nos meses que antecederam a partida do rei.

Em 15 setembro de 1821, dois conhecidos e respeitados maçons, Joaquim Gonçalves Ledo e o cônego da Capela Real, Januário da Cunha Barbosa, lançaram o *Revérbero Constitucional Fluminense*. Era a primeira vez que se publicava no Brasil um jornal que não passava pelo crivo do censor. Era a primeira vez também que se defendiam por escrito as idéias preconizadas na Revolução Francesa: liberdade, igualdade e fraternidade. A retórica exagerada de que se valeriam os dois novos jornalistas também fazia lembrar os folhetins revolucionários franceses. O *Revérbero* defenderia abertamente a liberdade de imprensa e, mesmo tendo surgido já no contexto das manifestações contra as medidas das Cortes prejudiciais ao Brasil, deixava claro que considerava loucura e precipitação falar em independência naquele momento.

Mas o surgimento do jornal já assinalava a tensão que caracterizaria daí por diante as relações entre brasileiros e portugueses até a Regência. Ele surgira baseado na certeza de que era preciso tomar posição e assumir imediatamente a defesa dos interesses do Brasil. Era um tempo de mudança e o cenário convidava à participação. O coronel Manuel Ferreira de Araújo Guimarães, que fora o editor da *Gazeta do Rio de Janeiro* de 1811 a 1821, insatisfeito com os ganhos que esta lhe proporcionava, rompeu com os patrões e foi publicar seu próprio jornal. *O Espelho*, este o nome do novo jornal, surgiu na praça do Rio de Janeiro em 1º de outubro de 1821, possivelmente subsidiado por d. Pedro.

A imprensa que fez o Fico

O final do ano de 1821 foi marcado por grande tensão no Rio de Janeiro. Com o avanço dos trabalhos das Cortes reunidas em Lisboa, as ações dessas em relação ao Brasil não vão ser bem recebidas no Rio. Os decretos que determinam o envio de tropas para a Bahia, e a nomeação de juntas para as províncias, submetendo-as diretamente a Portugal, evidenciam a intenção de dividir o Brasil e esvaziar o poder do príncipe regente. O golpe final viria no começo de dezembro de 1821, quando chegaram ao Rio os últimos decretos das Cortes. Um deles determinava que d. Pedro devia embarcar imediatamente para a Europa para viajar incógnito por diversas capitais, acompanhado por pessoas de Luzes. Os outros restabeleciam o monopólio comercial com Portugal e determinavam o fechamento dos tribunais e das Academias.

Mas o Rio já conhecia a imprensa e o poder da palavra para fazer frente ao arbítrio. Logo depois que correu na cidade a notícia dos decretos, apareceu impresso o *Despertador Braziliense*. Era apenas um panfleto, mas pregava a sublevação contra as Cortes. Exigia de d. Pedro que ficasse, desmascarava o sentido colonialista das medidas e a intenção de fragmentar o Brasil, de reduzi-lo a menos ainda do que era durante o tempo dos vice-reis. Esse panfleto extraordinário, escrito de forma direta, forte e incendiária, é atribuído a José da Silva Lisboa, futuro visconde de Cairu. Tido como reacionário, Cairu de fato reagia ao caráter daninho daquelas medidas. Fosse qual fosse sua posição política antes ou depois daquele momento, o *Despertador Braziliense* é, sem sombra de dúvida, o primeiro grito de nossa independência. Se o velho intelectual baiano nada mais tivesse feito pelo Brasil em sua longa trajetória, lhe bastaria a glória de ter sido o autor desse belo documento que abriu a senda para todos os outros que se lhe seguiram em dezembro de 1821.

Pois foi naquele momento que começou o movimento pelo Fico. Logo depois, a 18 de dezembro, surgiu um novo jornal fazendo coro aos protestos contra as medidas das Cortes. *A Malagueta*, obra de

Luís Augusto May, personagem controverso que até a Regência publicaria de forma esparsa esse mesmo jornal. Aliados ao último número do *Revérbero* publicado naquele ano de 1821, o *Despertador* e a *Malagueta* lideraram o movimento pela permanência de d. Pedro e contra as medidas das Cortes que visavam claramente o retrocesso do Brasil.

A agitação das folhas era o reflexo das reuniões maçônicas que, pela primeira vez uniam tendências divergentes daquela organização. De um lado, o grupo de Gonçalves Ledo e Januário; de outro, o grupo de Justiniano da Rocha, ligado aos Andradas, de São Paulo. Foi este grupo que escreveu a José Bonifácio pedindo sua adesão ao movimento que se organizava no Rio para impedir de qualquer maneira a partida de d. Pedro para Portugal.

O príncipe ainda hesitava. A violenta mensagem que recebeu de São Paulo talvez o tenha feito decidir. Escrita por José Bonifácio de Andrada, ali se dizia que, caso d. Pedro partisse, "além de perder para o mundo a dignidade de homem e de príncipe, tornando-se escravo de um pequeno número de desorganizadores", teria também que responder, "perante o céu, pelo rio de sangue que decerto vai correr pelo Brasil com a sua ausência". Pediam-lhe ainda que não partisse sem ouvir a comissão de representantes de São Paulo que vinha ao Rio insistir para que ele ficasse. Publicada na *Gazeta do Rio de Janeiro* em 2 de janeiro de 1822 essa mensagem foi enviada pelo príncipe a d. João VI como evidência das pressões que sofria aqui. Em 9 de janeiro de 1822, atendendo ao abaixo-assinado que lhe foi apresentado pelo presidente do Senado da Câmara do Rio de Janeiro, José Clemente Pereira, d. Pedro finalmente declarou que, como era "para o bem do povo e felicidade geral da nação", ele ficava.

A atitude do príncipe uniu os brasileiros em torno dele mas provocou a reação das tropas portuguesas acantonadas no Rio. Insultado no teatro São João por oficiais que ameaçavam levá-lo à força para Portugal, d. Pedro mandou, na madrugada do dia 12, d. Leopoldina com os filhos para a fazenda dos Jesuítas em Santa Cruz e enviou mensageiros solicitando tropas de São Paulo e Minas Gerais. Decidida a impedir que levassem daqui o príncipe, uma multidão de cerca de 10.000 pessoas, armadas dos objetos mais inimagináveis, atravessou as ruas do Rio em direção ao morro do Castelo, onde se concentravam as tropas portuguesas. "Essa cabrada se leva a pau!" foi o comentário do general Avilez. Mesmo assim ele preferiu não enfrentá-la e recolheu-se com suas tropas à Praia Grande, em Niterói, onde ficou sitiado.

A morte do príncipe da Beira, o primogênito de d. Pedro e d. Leopoldina, em 4 de fevereiro, causada talvez pela viagem forçada para Santa Cruz num dia de calor, acirrou os ânimos. Com seu estilo característico, o *Revérbero* conclama o povo a vingar a morte do menino dando combate às tropas sublevadas: "Marcharemos ao campo da honra, seremos coroados de louros, vingando a morte do Sereníssimo Príncipe da Beira, nosso patrício, nossa esperança, futuro rei da monarquia portuguesa. Ceifado em flor, vítima inocente da mais escandalosa rebelião."

Diante do clamor geral, Avilez acaba embarcando com suas tropas no dia 9 de fevereiro.

Por uma Constituinte brasileira

A partida das tropas portuguesas foi o passo decisivo para a Independência. A posse de José Bonifácio de Andrada como ministro do Reino, em 15 de janeiro de 1822, mesmo dia em que chegara ao Rio de Janeiro, após o envio daquele documento de tons tão fortes, indicava os rumos que o governo do Rio estava disposto a tomar. Não mais se adotariam os decretos das Cortes sem que eles antes fossem analisados e aprovados pelo conselho de procuradores que seria criado a seguir.

As forças que tinham se unido em torno de d. Pedro, no entanto, logo voltariam a se separar. José da Silva Lisboa, ainda em janeiro começaria a publicar a *Reclamação do Brasil*, jornal que chegaria ao 14º número em meio a uma franca polêmica com o grupo maçônico liderado por Ledo. Se agora todos estavam acordes em condenar a política das Cortes, havia profundas divergências sobre o caminho a ser trilhado pelo Brasil nessa nova fase de sua história.

Em abril de 1822, apareceu um novo jornal: o *Correio do Rio de Janeiro*. Seu redator era o modesto comerciante português João Soares Lisboa, que, através do *Correio*, lançaria a campanha pela Constituinte brasileira. O movimento, encabeçado pelos seis signatários da *Representação ao povo do Brasil* (que reunia, dentre outros, os aqui já citados Soares Lisboa, Ledo, Januário e José Clemente Pereira), colheu 6.000 assinaturas através de um abaixo-assinado. Essa iniciativa seria violentamente criticado pela 14ª *Reclamação do Brasil*. Para José da Silva Lisboa, a criação de uma Constituinte brasileira enquanto deputados do Brasil ainda estavam em Lisboa punha em risco a vida desses mesmos deputados. Mas a imagem conservadora do velho intelectual baiano e os tantos anos que passara como censor foram usados pelos adversários como evidências de que ele era, na verdade, um adversário do constitucionalismo, de qualquer natureza que fosse.

A partir de então, José da Silva Lisboa se tornaria o alvo preferido do grupo mais radical que cercava Ledo e seria, na sessão de cartas do *Correio do Rio de Janeiro*, objeto das maiores chacotas, que tomavam por mote seu imenso conhecimento e sua idade avançada para a média daquele tempo: tinha 64 anos.

Mas Silva Lisboa não estava sozinho na crítica ao movimento pela Constituinte. Também pensava assim o todo-poderoso ministro José Bonifácio, que não aprovava a precipitação com que os mais radicais se lançavam no projeto. É possível que ele também achasse que o mais adequado para o estágio em que se encontrava o Brasil — com um grande contingente de escravos e com uma população indígena considerável ainda por ser integrada — era que d. Pedro, a exemplo do que fizera Luís XVIII, desse a carta constitucional.

De qualquer maneira, o debate estava aberto e as gazetas e panfletos que agora faziam parte do cotidiano dos cariocas se digladiavam em torno das diversas tendências que começavam a emergir. A primeira metade daquele ano de 1822 foi totalmente tomada pela questão da Constituinte. Em 3 de junho d. Pedro e seu conselho de procuradores lavram o decreto que estabelece a data e a forma das eleições.

Se, no plano oficial, a adesão do príncipe e de seu conselho parecia estar se dando de maneira tranqüila e ponderada, no espaço livre da imprensa, onde se tinha o direito de escrever sob pseudônimo, choviam ataques ao redator do *Correio*. Os mais agressivos vinham do *Espelho*. O jornal do coronel Araújo Guimarães daria espaço para a publicação dos mais ignóbeis insultos, e seus principais alvos seriam os adversários do ministério Andrada e de d. Pedro.

É importante lembrar alguns aspectos dessa imprensa que nascia em meio a tanta disputa. A legislação relativa aos usos e abusos da liberdade de imprensa — como aliás quase todas as leis do país, após a revolução portuguesa de 1820 — ainda não fora regulamentada. Valia o que fora estabelecido nas bases da constituição portuguesa e, na prática, iam-se adaptando as velhas leis. Por exemplo, para que o jornalista João Soares Lisboa fosse a julgamento o Conselho de Procuradores, pressionado por José Bonifácio, votou às pressas uma lei que estabelecia o sistema de jurados para julgar os mal definidos crimes de abuso da liberdade de imprensa.

Através das páginas do *Correio*, Soares Lisboa atacara d. Pedro por ter decretado que as eleições para a Assembléia fossem indiretas. O jornalista baseava seu protesto no abaixo-assinado pela Constituinte brasileira, em que o povo pedira que fossem diretas as eleições. O tom com que se dirigira a d. Pedro naquele artigo foi considerado ofensivo, e por isso ele foi levado a julgamento. Absolvido das acusações, Soares voltou ao seu jornal fortalecido pelo apoio dos leitores, que se manifestavam através da seção de correspondência. O *Correio do Rio de Janeiro* era, talvez, o mais popular dos jornais que circulavam na cidade. Os textos que figuravam ali na seção de correspondência nos oferecem um *flash* das maneiras de pensar e de se comunicar da gente simples. São também um documento precioso da maneira como o jargão e as idéias do Iluminismo foram absorvidos pelo povo dos trópicos.

A Independência

A decisão de se constituir no Brasil uma Assembléia dedicada a formular a Constituição do Reino tornava ainda mais distante a possibilidade de qualquer entendimento com as Cortes de Lisboa. Naturalmente que cada atitude de independência do governo brasileiro, agora liderado por José Bonifácio, repercutia negativamente em Portugal, provocando indignação e revolta entre os portugueses. Essas reações, bem como os insultos publicados pela imprensa portuguesa contra o Brasil e contra os brasileiros, eram rebatidos pelos jornais que se publicavam no Rio. Para os portugueses éramos botocudos, negros, selvagens e incultos. Um deputado teria afirmado nas Cortes que entre nós ninguém saberia o que era uma Constituição, quanto mais o seu sistema. Muitos deputados portugueses defendiam abertamente a separação do Brasil. Diziam que "a terra dos negrinhos" não seria nada sem Portugal e que seu destino era se tornar uma nova São Domingos, banhada de sangue no final do século XVIII por uma revolta de escravos.

Tais declarações, aliadas aos decretos colonialistas, provocavam revoltas e reações. Em protesto contra o preconceito português, muitos brasileiros mudaram seus sobrenomes por nomes ligados à fauna e à flora tropical. Através dos jornais e de panfletos emergia um discurso ufanista que, para se contrapor às tentativas de diminuir o Brasil e os brasileiros, fazia o elogio da terra e da gente do Brasil e contribuía para aprofundar o orgulho nativo.

Por parte do ministério liderado por José Bonifácio, a política era já a de nação independente. Antes de declarada a Independência, o governo escolheu representantes e observadores para viajarem às Cortes européias e aos Estados Unidos. Um manifesto afirmativo da autonomia e das disposições do governo brasileiro enviado às nações em agosto de 1822 era, de fato, a declaração de nossa independência ao mundo. Por isso, talvez, o grito do Ipiranga, em 7 de setembro de 1822, durante uma viagem de d. Pedro à província de São Paulo tenha merecido pouca atenção da imprensa de então e só posteriormente foi consagrado como o momento-chave da Independência.

Após o grito do Ipiranga, os grupos que cercavam d. Pedro e que vinham se enfrentando de forma cada vez mais agressiva desde o começo do governo Andrada entraram em choque direto por conta das definições do poder que teria o imperador. De um lado, os maçons liderados por Gonçalves Ledo queriam que d.

Pedro jurasse a Constituição antes de ela ser formulada. Esperavam submeter assim o imperador à Assembléia. De outro lado estava o grupo de José Bonifácio, contrário a essa proposição e interessado em garantir uma fatia maior de poder para o imperador.

A tensão entre os dois blocos teve um momento crucial em outubro. O presidente do Senado da Câmara do Rio de Janeiro, José Clemente Pereira, enviou circular às Câmaras da Província do Rio comunicando-lhes que o ato de aclamação seria no dia 12 de outubro e mencionando o juramento prévio que o imperador prestaria à Constituição que a futura Assembléia Constituinte ia elaborar. Ao tomar conhecimento dessa mensagem, José Bonifácio enfureceu-se. Ele, que em maio já ameaçava enforcar "os constitucionais na Praça da Constituição", ameaça prender José Clemente. Em 10 de outubro, quando os políticos se dirigiam ao Senado da Câmara para deliberar se devia ou não o imperador prestar juramento prévio à Constituição, foram atacados por capoeiras e arruaceiros a mando de José Bonifácio. O ministro então convence d. Pedro a enviar mensagem a Ledo determinando que sejam fechadas as lojas maçônicas.

Para agravar a situação do grupo de Ledo, durante aqueles dias de entusiasmo cívico que sucederam a independência, João Soares Lisboa publicara no *Correio Braziliense* um artigo homenageando d. Pedro I e atribuindo ao imperador sentimentos republicanos. Concluía seu exagerado elogio bradando: "Eis o homem singular! Eis o Pedro 1º sem 2º! Eis um puro democrata!!!" No sentido de que, depois de d. Pedro I, viria a República. Diante desses excessos, o intendente de polícia, orientado por José Bonifácio, determinou que o *Correio do Rio de Janeiro* fosse proibido de circular e que seu redator deixasse o país "nas primeiras embarcações que deste porto se fizerem à vela".

Mas d. Pedro I, sensível aos apelos e às pressões, poucos dias depois relaxou a medida contra as lojas maçônicas e permitiu a Soares Lisboa continuar no Rio. José Bonifácio então renunciou ao ministério. Mas era apenas uma renúncia como a que faria Jânio Quadros (sem o mesmo sucesso) 140 anos depois. O que o Andrada esperava — e o que de fato aconteceu — era que o imperador, estimulado por uma série de manifestações promovidas pelos amigos de José Bonifácio, viesse a ele pedir que voltasse, dando-lhe poderes ainda mais amplos.

A Bonifácia e seus desdobramentos

José Bonifácio de fato reassumiu o ministério três dias depois da renúncia. Sua primeira providência foi abrir uma devassa contra os inimigos, acusando-os de conspirar para implantar no Brasil a República. Os conspiradores seriam justamente os seis autores do documento em que fora pedida a instalação da Constituinte brasileira. Avisados a tempo, Ledo e Soares Lisboa fogem para Buenos Aires. Januário, que tinha ido em missão oficial a Minas, é preso e deportado para o Havre junto com José Clemente Pereira e Luís Pereira da Nóbrega. Aos outros envolvidos na suposta conspiração republicana, determina-se que passem a viver a vinte léguas da Corte.

A devassa que passou à história com o nome de Bonifácia determinou também o fechamento dos jornais ligados ao grupo de Ledo, o *Revérbero* e o *Correio do Rio de Janeiro*, e deu a José Bonifácio poderes ditatoriais. A coroação de d. Pedro, em dezembro de 1822, se deu em meio a esse clima de perseguições.

No começo de 1823, o jornal *O Espelho* publicou violento artigo contra Luís Augusto May. May, que não era maçom e que nunca fizera parte do grupo de Ledo, estivera, durante o ano de 1822, muito próximo desse e fora um dos que primeiro apoiaram o projeto de uma Constituinte brasileira, chegando mesmo a reivindicar a glória de ter sido seu primeiro profeta. Mas, ao lado de seus ideais de liberdade, May era muito sensível a possibilidades de vantagens pessoais. Sabendo disso, José Bonifácio resolveu atraí-lo para o seu partido, acenando com a oferta do cargo de oficial-maior da secretaria de negócios estrangeiros em Washington. A primeira condição era que May deixasse de publicar *A Malagueta*, o que ele deixou de fazer ainda em junho de 1822, quando Soares Lisboa foi levado a julgamento. Mas uma divergência em torno do valor dos vencimentos a que May teria direito prolongou as negociações e gorou o negócio. May viu chegar o final do ano de 1822 sem o cargo e sem o prestígio que a publicação de seu jornal lhe dava.

Diante da frustração de suas expectativas pessoais e das perseguições a Ledo e a seus amigos, May sentiu-se novamente tomado de brios liberais e mandou recado ao ministério dizendo que tencionava voltar a publicar *A Malagueta* para denunciar aquele estado de coisas. Mas, antes que levasse a cabo a ameaça, May foi tema do interessantíssimo artigo publicado no *Espelho* em 9 de janeiro de 1823 sob o título "Calmante no ou da *Malagueta*". Nesse artigo extraordinário tudo, desde a descrição física do personagem, passando pelas considerações sobre o seu caráter e pelo relato dos fatos que acabamos de contar, foi escrito unicamente com a intenção de ofender. Insinuava-se ali, entre outras coisas, que May devia sua trajetória nos cargos públicos que ocupara no Rio ao relacionamento amoroso que teria mantido com o conde das Galveias, cujo nome é citado inúmeras vezes: "... as coxas por fora não parecem más, se são macias haja vista ao Conde das Galveias; ... o nariz mostra bem a razão do amor que lhe teve o Conde das Galveias." De forma chula e ignóbil o artigo fazia, a seguir, referência ainda mais explícita ao conhecido homossexualismo do conde.

Quem lê hoje esse artigo tem certeza de que seu autor não se deteria diante de nenhum impedimento moral ou legal para escrever ofensas. Ele escreve ciente da impunidade, em texto coloquial, que tem momentos francamente humorísticos. Há muitas semelhanças com o estilo dos artigos igualmente ofensivos que tiveram como alvo João Soares Lisboa, e que os historiadores confirmaram terem saído da pena de d. Pedro I. Num deles, recomenda-se a Soares Lisboa que, diante da impossibilidade de vir a casar-se com a "viúva da prainha", ele fosse "guardando o fogo sagrado com as vestais da Rua da Vala [hoje rua Uruguaiana, onde residia o jornalista] e não mude de casa; porque mesmo o senhor é uma vala, onde se lançam todas as imundícies da imoralidade pública". Também seria d. Pedro I o autor da primeira cobertura jornalística de uma eleição. Igualmente publicado em *O Espelho*, em meados de 1822, o artigo, que visava atingir João Soares Lisboa, descreve de forma viva e colorida os embates havidos entre eleitores em algumas sessões eleitorais do Rio.

Durante o começo do ano de 1823, a imprensa que conseguira se manter ativa no Rio era francamente favorável ao gabinete Andrada. No começo daquele ano, apareceria na praça o *Diário do Governo*, versão reformulada da *Gazeta do Rio de Janeiro* e que, mesmo com este nome, que deveria emprestar-lhe alguma neutralidade, atacaria de forma desabrida os adversários do governo. O *Regulador Brasílico*, que era publicado desde julho de 1822, encerraria sua carreira em março de 1823. Seu redator, frei Sampaio, aliado dos Andrada, foi violentamente atacado pela maçonaria, através dos artigos apócrifos de frei Caneca publicados no *Correio do Rio de Janeiro*. Frei Sampaio, usando o pseudônimo de "Sentinela do Pão de Açúcar", iria responder a esses ataques nas páginas do *Diário do Governo*, do qual se tornaria o redator. Em abril de 1823, José da Silva Lisboa, que durante o ano de 1822 se dedicara a publicar panfletos respondendo aos ataques que sofrera da imprensa maçônica, reaparece com um novo jornal: *Atalaia*.

Estavam assim organizados os aliados do governo quando, em 3 de maio daquele ano, d. Pedro I inaugurou os trabalhos da Assembléia Constituinte e Legislativa do Brasil.

Os tempos estavam mudados. Além do espaço para a livre expressão que se abria com a Assembléia e a publicação dos debates em seu *Diário*, a futura marquesa de Santos, Domitila de Castro, começava a exercer grande influência sobre o espírito de d. Pedro I. Junto com a independência do Brasil, o imperador trouxera de São Paulo aquele envolvimento que tantas conseqüências teria para a sua vida. O tempo Andrada estava para terminar.

Uma das medidas que determinaram o declínio do ministério Andrada foi a dureza com que este tratara os portugueses, decretando o seqüestro dos bens dos vassalos de Portugal. O projeto de apreensão de suas propriedades, como também a conhecida intenção de abolir a escravidão e de rever a distribuição de terras que vinha do Brasil colonial, não agradavam aos grandes proprietários, muitos deles portugueses. Essa gente encontrou em Domitila um canal para as suas queixas. Amigo da imperatriz, com quem compartilhava o gosto pela mineralogia, José Bonifácio tinha profunda aversão pela conterrânea e no futuro só se referiria a ela de forma pejorativa, como a "michela", a "barregã", a "comborça" e outros adjetivos que se usavam naquele tempo para se referir às profissionais do amor.

O começo dos trabalhos da Constituinte também não seria favorável ao ministério Andrada. Da tribuna da Câmara seus adversários puderam protestar livremente contra a perseguição a Ledo e contra a repressão à imprensa. Ao mesmo tempo, tão logo se inaugurou, a Assembléia centrou seus debates em torno dos limites do poder de d. Pedro I, tema que tinha sido a causa da disputa entre José Bonifácio e o grupo de Gonçalves Ledo, e que José Bonifácio pensara ter encerrado com a devassa.

Para engrossar as fileiras dos adversários dos Andrada, assim que se inaugurou a Assembléia João Soares Lisboa retornou de Buenos Aires. Achava que teria aqui a proteção da Constituinte. Foi imediatamente preso. E preso ficou, pois, através de artifícios que denunciaria depois em seu jornal, foi o único réu implicado na Bonifácia considerado culpado, quando os demais foram absolvidos em julho de 1823.

Sinal dos tempos singulares em que se vivia foi a retomada pelo jornalista da publicação de seu jornal mesmo estando preso. Um anúncio no primeiro número do *Correio Extraordinário do Rio de Janeiro* informava que os que quisessem subscrever para a sua folha podiam dirigir-se à cadeia, "onde atualmente reside o redator". Também bastante singular é o fato de que o jornal continuará a adotar a mesma linha que tinha motivado o processo contra o jornalista.

A queda do gabinete Andrada e a última fase da imprensa da Independência

No começo de julho de 1823, o caldo em que vinha sendo cozido o ministério Andrada finalmente entornaria. O estopim foi o espancamento do jornalista Luís Augusto May em sua casa, em São Cristóvão. Depois que fora publicado em janeiro aquele infame artigo do *Espelho*, May, como era de seu costume, fora ao imperador pedir reparação material, o que logo alcançou, sendo imediatamente promovido em sua função. Mas ele também queria de d. Pedro I uma declaração pública de que o imperador nada tivera a ver com a infame publicação. A este segundo pedido d. Pedro fez ouvidos de mercador e deixou que o tempo fosse passando, na expectativa talvez de que May esquecesse o assunto.

Em meados de 1823, fervia a disputa entre José Bonifácio e a Assembléia, com muitos ataques de parte a parte através do *Diário do Governo*, do *Diário da Assembléia* e dos demais jornais que então circulavam na cidade. A exemplo do que acontecera com João Soares Lisboa em julho do ano anterior, agora era a Assembléia que levava a julgamento autores de artigos publicados na imprensa considerados ofensivos àquela casa. Em meio a esse clima de tensão, no dia 5 de junho apareceu a *Malagueta Extraordinária* n.2. Continha acusações diretas contra o gabinete Andrada e, bem no estilo do jornalista, sinuosas e indiretas contra o imperador. No dia seguinte, à noite, um grupo de embuçados invadiu a casa de May e deu-lhe uma surra violenta. Do bolso de um deles caiu uma carta endereçada a Pedro Dia Paes Leme, um dos inseparáveis companheiros de farra do jovem imperador.

Na Assembléia, May foi imediatamente elevado a mártir da imprensa amordaçada pelo repressivo governo dos Andrada. O *Diário do Governo* ainda tentaria reduzir o impacto do martírio de May, lembrando a imagem pública negativa do jornalista. Mas mesmo os que não gostavam dele, como Soares Lisboa, aproveitaram para botar lenha na fogueira onde ardiam os Andrada, culpando-os pela violência.

1 e 2. Hipólito da Costa foi o primeiro jornalista brasileiro. Seu jornal, o *Correio Braziliense*, era publicado em Londres e teve influência na Independência do Brasil. Abaixo, as páginas iniciais do primeiro número do jornal, de junho de 1808.

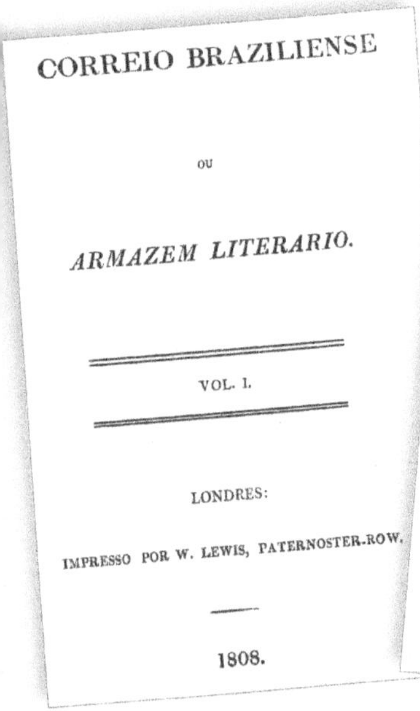

CORREIO BRAZILIENSE

OU

ARMAZEM LITERARIO.

VOL. I.

LONDRES:

IMPRESSO POR W. LEWIS, PATERNOSTER-ROW.

1808.

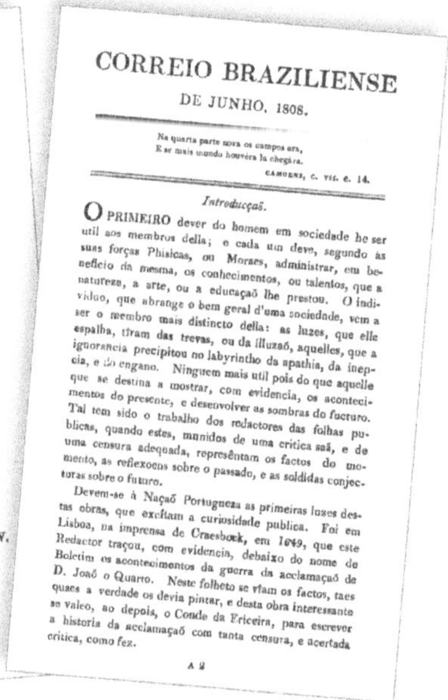

CORREIO BRAZILIENSE

DE JUNHO, 1808.

Na quarta parte nova os campos ara,
E se mais mundo houvéra la chegára.

CAMOENS, C. VII. e. 14.

Introducçaõ.

O PRIMEIRO dever do homem em sociedade he ser
util aos membros della; e cada um deve, segundo as
suas forças Phisicas, ou Moraes, administrar, em be-
neficio da mesma, os conhecimentos, ou talentos, que a
natureza, a arte, ou a educaçaõ lhe prestou. O indi-
viduo, que abrange o bem geral d'uma sociedade, vem a
ser o membro mais distincto della: as luzes, que elle
espalha, tíram das trevas, ou da illuzaõ, aquelles, que a
ignorancia precipitou no labyrintho da apathia, da inep-
cia, e do engano. Ninguem mais util pois do que aquelle
que se destina a mostrar, com evidencia, os aconteci-
mentos do presente, e desenvolver as sombras do fucturo.
Tal tem sido o trabalho dos redactores das folhas pu-
blicas, quando estes, munidos de uma critica saã, e de
uma censura adequada, represêntam os factos do mo-
mento, as reflexoens sobre o passado, e as soldidas conjec-
turas sobre o futuro.

Devem-se à Naçaõ Portugueza as primeiras luzes des-
tas obras, que excítam a curiosidade publica. Foi em
Lisboa, na imprensa de Craesbeek, em 1649, que este
Redactor traçou, com evidencia, debaixo do nome de
Boletim os acontecimentos da guerra da acclamaçaõ de
D. Joaõ o Quarto. Neste folheto se víam os factos, taes
quaes a verdade os devia pintar, e desta obra interessante
se valeo, ao depois, o Conde da Ericeira, para escrever
a historia da acclamaçaõ com tanta censura, e acertada
critica, como fez.

A 2

3. José da Silva Lisboa, o visconde de Cairu, teve atuação decisiva na batalha dos jornais e panfletos da Independência. Foi redator das publicações *Atalaia*, *O Conciliador do Reino Unido*, *O Despertador Braziliense* e *Reclamação do Brasil*.

4. Adversário de Cairu, o cônego Januário Cunha Barbosa foi, junto com Joaquim Gonçalves Ledo, o redator do primeiro jornal de caráter político independente, *O Revérbero Constitucional Fluminense*.

5. José Bonifácio de Andrada, o patriarca da Independência, manteve relação difícil com a imprensa. Seu gabinete levou a cabo a devassa conhecida como Bonifácia, que perseguiu e prendeu jornalistas da oposição.

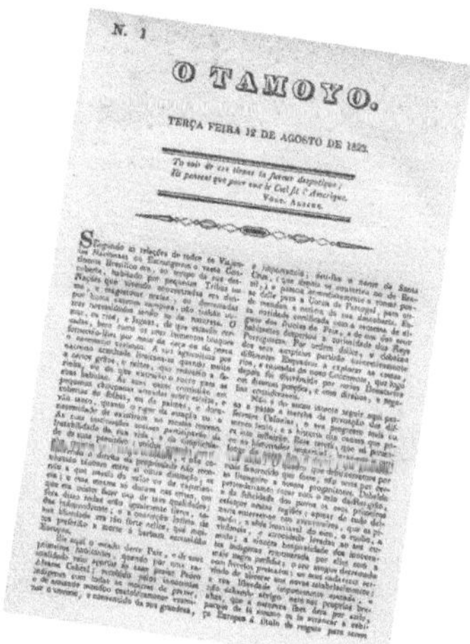

N. 1

O TAMOYO.

TERÇA FEIRA 12 DE AGOSTO DE 1823.

6. Página de rosto do primeiro número do *Tamoio*, de 12.08.1823. Produzido pelos aliados dos Andrada, o jornal atacava os portugueses e foi um dos responsáveis pelo fechamento da Assembléia Constituinte em novembro daquele ano.

7. Cipriano Barata, o mais aguerrido dos jornalistas de oposição, teve seu nome associado à maior parte dos movimentos revolucionários da época. Alvo de ataques do *Tamoio*, tinha seus escritos, vindos de Pernambuco, republicados em jornais do Rio de Janeiro.

8. D. Pedro I também foi jornalista. Seus agressivos artigos – sempre sob pseudônimo, com era a prática do tempo – foram publicados no *Espelho* e provocaram muita comoção.

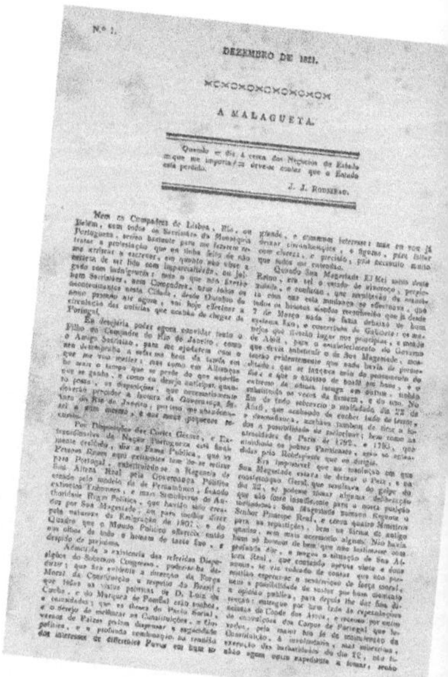

N.º 1.

DEZEMBRO DE 1821.

A MALAGUETA.

9. *A Malagueta* teve papel fundamental no Fico, juntamente com *O Despertador Braziliense*. Aqui vemos a página de rosto de seu primeiro número, publicado em dezembro de 1821.

Aquele foi um período fatídico para o gabinete: além da surra do May, a absolvição dos implicados na Bonifácia aconteceu quando d. Pedro convalescia de um acidente de cavalo em que quebrara algumas costelas. Recolhido ao leito, o imperador foi visitado tanto pelos recém-absolvidos réus quanto por quase todos os deputados da Assembléia. O rosário de queixas contra os Andrada era imenso.

Em 16 de julho de 1823, José Bonifácio pedia demissão do ministério. Segundo os jornais adversários, seus amigos ainda tentaram repetir o feito de outubro de 1822, agitando as ruas, mas nada conseguiram. D. Pedro, que naquela ocasião sofrera a influência de d. Leopoldina, uma decidida aliada dos Andrada, vivia agora sob os encantos da paulista Domitila, adversária deles. Mas há quem diga que o jovem imperador, acreditando não precisar mais dos conselhos do velho paulista, aproveitara a oportunidade para declarar sua própria independência.

Os últimos jornais de 1823

Agosto de 1823 é um mês peculiar para a história de nosso jornalismo e para a cena política que vinha se desenvolvendo desde a partida de d. João VI. Com a queda do gabinete Andrada verifica-se um rearranjo das forças envolvidas nas disputas em torno do poder.

Forças que se expressam na Assembléia, através de seus representantes, e na imprensa, através de seus jornais.

João Soares Lisboa, agora mais estimulado pela queda do gabinete inimigo, segue publicando o *Correio do Rio de Janeiro* da cadeia. De certa forma ele se afastara dos amigos a que estivera ligado antes da Bonifácia, pois, se todos junto com ele tinham sido envolvidos na devassa, apenas ele, o mais pobre, tinha sido condenado. Como ele mesmo dirá: "quem não tem padrinho morre pagão". A pena implicava o pagamento das custas do processo e o afastamento do Brasil por oito anos. Nem Soares Lisboa tinha dinheiro para pagar tal custo, nem queria viver longe do Brasil.

Em 6 de agosto, amigos de Gonçalves Ledo e de Januário lançavam um novo jornal: o *Silfo*, jornal de pouca expressão, sem o tom mais vibrante que tivera o *Revérbero* e indicando o caminho da conciliação que, daí por diante, seria o seguido por Gonçalves Ledo.

José da Silva Lisboa seguiria publicando o *Atalaia* até setembro, sempre atacando a maçonaria. Apesar de identificado com muitas das políticas do gabinete Andrada e de certamente aprovar a perseguição aos maçons, Silva Lisboa manteve-se independente, tendo como única fidelidade a que dedicava à monarquia e a d. Pedro I. Dessa maneira garantiria, depois da dissolução da Assembléia, o lugar de redator do *Diário do Governo*.

Antes de Cairu chegar lá, o principal redator do *Diário do Governo* era frei Sampaio, que dali rebateria os ataques que lhe vinham de Pernambuco. Publicados no *Correio do Rio de Janeiro*, os artigos de frei Caneca visavam sobretudo o frade, acusando-o de ter traído a maçonaria ao aderir ao grupo de José Bonifácio. De fato, a partir do Fico, frei Sampaio ficaria definitivamente ligado aos paulistas. Estaria entre os que criaram o Apostolado, organização secreta que tinha por fim fazer frente à maçonaria, e seria o grande colaborador e divulgador do projeto de Constituição defendido pelos paulistas.

Mas as novidades da cena impressa do segundo semestre de 1823 estariam com os três principais jornais a movimentar a Corte do Rio de Janeiro até a dissolução da Assembléia: *O Tamoio*, *A Sentinela da Liberdade na Guarita da Praia Grande* e a *Estrela Brasileira*.

O Tamoio foi o jornal que o grupo andradista passou a publicar menos de um mês após deixar o governo. Dos mais bem escritos daquele período, *O Tamoio* foi também um dos que tinham o tom mais veemente. A retórica de que se valiam na Assembléia os dois Andrada mais novos, Antônio Carlos e Martim Francisco, ganharia em suas páginas expressão escrita. Ao mesmo tempo, a intenção do jornal já transparecia no título escolhido: ele vinha, tal como fizeram os tamoios no Rio de Janeiro do princípio da colonização, dar combate sem quartel ao elemento português. Pretendia lutar contra os privilégios dos antigos colonizadores que, mesmo depois da Independência, continuavam a levar as riquezas do Brasil sem nada dar em troca. Tratava-se de fazer com que voltassem para Portugal e deixassem cá os brasileiros. Mensagem que era também, ainda que indiretamente, dirigida ao imperador, nem tanto por ter nascido em Portugal, mas por viver agora cercado de amigos e auxiliares portugueses.

A passagem para a oposição, no entanto, não aproximou a turma dos Andrada dos seus antigos adversários. Numa outra frente, *O Tamoio* atacaria os radicais do Rio, como Soares Lisboa e seus correspondentes de Pernambuco, frei Caneca e Cipriano Barata, redator da *Sentinela da Liberdade* — que se publicava em Recife mas que na Corte era reproduzida em grande parte pelo *Correio.* Os dois defendiam a autonomia das províncias e eram partidários ferrenhos do sistema federativo. Como soube perceber Evaldo Cabral de Melo, para os radicais pernambucanos tanto fazia se o regime fosse república ou monarquia, desde que fosse federativo, garantindo-se o máximo de autonomia para as províncias. Dentro desse espírito, Barata e Caneca combaterão o projeto constitucional dos Andrada e se manifestarão contra a existência de duas câmaras e contra a concessão ao imperador do poder das armas e do poder de veto sobre as leis votadas pela Assembléia. Para os radicais, o projeto constitucional dos Andrada era aristocrático.

Em 6 de agosto de 1823, surgiu no Rio de Janeiro um novo jornal, praticamente homônimo ao de Barata: *Sentinela da Liberdade à Beira do Mar da Praia Grande*. Seu redator logo se tornaria conhecido de todos pois, por conta de artigo considerado ofensivo à honra de d. João VI e, em decorrência, de seu filho Pedro I, como argumentou a acusação, foi levado a julgamento. José Estevão Grondona era nascido na Sardenha e se estabelecera no Rio de Janeiro desde 1817 como restaurador de quadros. Tendo sido nomeado por d. João cônsul de seu país no Rio de Janeiro, não chegou a exercer esse ofício por não querer pagar por ele, como mandava o costume. Grondona era claramente um carbonário e o texto de seu jornal está eivado de provocações contra as monarquias européias e a Santa Aliança. Apesar de declarar que suas idéias se aproximavam mais das de Cipriano Barata, muita gente do Rio acreditava que seus verdadeiros padrinhos eram os Andrada.

A Estrela Brasileira, do francês Jean Baptiste Aimé de Loy, foi o último dos novos jornais a aparecer nessa fase. Para Soares Lisboa e Grondona, seu redator era na verdade um agente da Santa Aliança e estava no Brasil para difundir o Absolutismo e o Legitimismo. Ao que parece, no entanto, De Loy era mais um dos tantos aventureiros que vinham "fazer a América". Poeta de algum talento, viajara pelo Brasil durante o ano de 1822 e começara a colaborar na imprensa, sempre do lado do governo, através da *Gazeta do Rio de Janeiro*. A nacionalidade se revelaria para os adversários pela maneira como escrevia, com construções que não eram as usuais da língua.

Diziam os contemporâneos que d. Pedro I pagava a De Loy para escrever a *Estrela Brasileira*. Os laços do francês com o imperador brasileiro se manteriam estreitos por muitos anos. Em 1826, De Loy faria publicar na França um panfleto contra os Andrada que lá se encontravam exilados. Depois da abdicação, em 4 de abril de 1831, De Loy seguiu d. Pedro à Europa e alistou-se no exército recrutado para combater d. Miguel.

Foram esses os principais atores da última cena impressa da Independência. Os primeiros petardos foram lançados pelo *Tamoio* contra os portugueses com o intuito de atingir indiretamente d. Pedro. Nessa campanha contra o elemento português, *O Tamoio* seria secundado pela *Sentinela* de Grondona.

Soares Lisboa, o redator do *Correio*, agora isolado do grupo de Ledo, sendo ele mesmo português, não endossa os ataques aos compatriotas, lembrando que muitos deles lutaram pela independência do Brasil. Pessoalmente inimigo de Grondona, Soares Lisboa compartilha com o sardo, no entanto, a admiração por Cipriano Barata, que terá seus artigos mais contundentes publicados no Rio de Janeiro através dos dois jornais.

Naturalmente que José Estevão Grondona, sendo, como se dizia, inimigo dos princípios da Santa Aliança, não aprovava o projeto andradista para o Brasil. Mas naquele momento era conveniente para ele se aliar aos paulistas no combate aos portugueses e ver se, expulsos estes, sairia com eles do Brasil o imperador e, quem sabe, se instauraria no Rio de Janeiro uma República. Foi certamente movido por esse desejo que fez publicar em seu jornal, em outubro de 1823, uma série de artigos assinados pelo "Brasileiro Resoluto". Neles, os portugueses eram atacados num tom ainda mais forte do que vinham sendo através do *Tamoio*. Aos soldados que tinham decidido ficar no Brasil e aderir à independência chamava de traidores, dizendo que não se podia confiar em quem traíra sua pátria, Portugal, para ficar no Brasil. Em seus artigos, o "Brasileiro Resoluto" aconselhava todos os portugueses a voltarem para Portugal.

O jornalismo que motivou a dissolução de nossa primeira Assembléia

Sentido-se ofendidos pelos artigos do "Brasileiro Resoluto", dois oficiais portugueses que serviam ao Exército brasileiro foram ao Largo da Carioca, na botica de David Pamplona, que pensavam ser o autor dos textos, e deram-lhe umas bengaladas. Desde sua instalação a Assembléia Constituinte vinha se tornando o desaguadouro de todas as queixas populares, e Pamplona resolveu ir lá também fazer a sua. Os irmãos Andrada — José Bonifácio, Martim Francisco e Antônio Carlos — faziam então oposição cerrada ao governo. Sem deixar nada a desejar aos seus antigos adversários do *Revérbero*, valiam-se de recursos retóricos da mais deslavada demagogia para atacar os portugueses e o imperador. Pamplona era tudo que podiam desejar naquele momento. Só tinha um defeito, o boticário: era português e fora servidor da tesouraria geral do Exército em Portugal por trinta anos. Essa informação, no entanto, não apareceria nos discursos apaixonados de Martim Francisco e Antônio Carlos, que o converteram em brasileiro nato. Martim Francisco, o mais exaltado, usou o episódio para, tal como já fazia no *Tamoio*, incitar a Assembléia contra os portugueses.

Os artigos da *Sentinela* e do *Tamoio*, o discurso de Martim Francisco pronunciado em 10 de novembro de 1823 e as manifestações públicas que se lhes seguiram determinaram d. Pedro I a dissolver a primeira Assembléia Geral Constituinte e Legislativa do Brasil. Na última sessão da Assembléia, no dia 11 de novembro, compareceu o ministro do Império, Villela Barbosa, que leu ofício onde participava que os oficiais da guarnição tinham representado a d. Pedro contra os insultos à honra e à pessoa do imperador por certos periódicos do Rio e pedia à Assembléia que tomasse as providências cabíveis. Depois que saiu o ministro a Assembléia permaneceu reunida ao longo de toda a tarde, noite e madrugada dos dias 11 para 12, discutindo a proposta do Governo: que a própria Assembléia punisse com o banimento os responsáveis pelo *Tamoio* e pela *Sentinela*, que eram identificados como sendo os três irmãos Andrada. No dia 12 pela manhã, atendendo a convite da Assembléia, ali retornou o ministro Villela Barbosa. Enquanto conversava com os deputados, algumas vozes se ouviram pedindo que se declarasse o imperador fora da lei. Sabendo disso, d. Pedro I, antes que Villela voltasse, mandou lavrar e referendar o decreto de dissolução da Assembléia.

Os Andrada e alguns membros de seu grupo foram banidos para a Europa. Na costa da Espanha houve tentativa, por parte do governo português, de capturar o navio em que eles viajavam e a seus passageiros, odiados em Portugal por conta do papel que tiveram na Independência. O prestígio de José Bonifácio junto às legações francesas e inglesas em Madri garantiu que chegassem à França. José Bonifácio só retornaria ao Brasil em 1829.

João Soares Lisboa foi banido para a Europa e partiu no começo de 1824. O navio em que viajava parou no Recife sublevado pela Confederação do Equador. Soares Lisboa desembarcou e aderiu. Morreu em combate e é um dos heróis daquela revolução pernambucana.

José Estevão Grondona fugiu. Reapareceu em Buenos Aires, em 1824, com uma edição extraordinária da *Sentinela da Praia Grande* atacando d. Pedro I. No Brasil ficaram todos os demais — alguns ligados à imprensa, que só tomaria novo alento a partir de 1826, com a reabertura da Assembléia.

Imprensa se escreve com "i" de independência

Pode-se dizer que para nós, brasileiros, imprensa se escreve com "i" de independência. Pois foi em grande parte graças à ação da imprensa que se fez a Independência do Brasil. Primeiro, com o trabalho sistemático, missionário, de Hipólito da Costa em sua longa doutrinação aos brasileiros e portugueses contra o Absolutismo, o obscurantismo e a corrupção. Em seu pensamento genuinamente liberal, não se separavam, como em Cairu e nos maçons liderados por Ledo, o liberalismo político do liberalismo econômico. Os dois só podiam existir plenamente juntos. Para Hipólito, a repressão à imprensa e ao pensamento só serviam para esconder a corrupção, as irregularidades e as incompetências. Sua atividade jornalística foi um esforço permanente para levar a Ilustração ao seu distante torrão natal.

A liberdade de imprensa propiciada pela Revolução Constitucionalista do Porto foi fundamental para que o censor viesse a público defender idéias favoráveis à censura. José da Silva Lisboa foi o primeiro intelectual brasileiro a conhecer e divulgar no Brasil as idéias de Adam Smith. Contraditoriamente, foi também um ferrenho defensor "do Trono e do Altar" expressão adotada pelos contra-revolucionários, os simpatizantes da Santa Aliança. É nesse contexto que deve ser entendido seu mais importante panfleto, o *Despertador Braziliense*, que, ao propor a desobediência às ordens das Cortes de Lisboa, deu início ao processo do Fico. Tal atitude era coerente com sua posição política, pois, se as Cortes portuguesas eram revolucionárias e ameaçavam o poder absoluto do monarca, atacá-las, propor que elas fossem consideradas ilegais, estava de acordo com a postura esperada de um adversário do constitucionalismo, um inimigo da liberdade de imprensa.

Por outro lado, a imprensa propiciou também a organização das diversas tendências que emergiram com a liberação política que se seguiu à Revolução do Porto. "Da discussão nasce a luz", é adágio dos mais populares. O debate travado através das páginas dos jornais e dos tantos panfletos publicados no Brasil durante os anos de 1821 a 1823 possibilitou o conhecimento da maneira como pensavam os diversos grupos que atuaram na cena política. Pode-se mesmo dizer que, ao lado da discussão, as situações provocadas por polêmicas jornalísticas influíram na mudança de pensamento e de atitude política, até propiciando alianças esdrúxulas como a que fizeram *O Tamoio* com a *Sentinela* de Grondona. Foi a campanha da Constituinte iniciada nos jornais, seguida da Bonifácia e da injustiça de sua condenação nessa devassa, que demonstrou a João Soares Lisboa, na prática, que "quem não tem padrinho morre mouro".

Outro aspecto importante foi a atuação de d. Pedro I nessa imprensa. O *enfant terrible*, como ele era visto no Brasil e no exterior, aparece por inteiro nos artigos que o historiador Hélio Viana comprovou serem de sua autoria. Ele também se beneficiaria da liberdade de imprensa para atacar os que pensava serem seus inimigos. Sua trajetória nesse cenário é mais sinuosa que a dos demais. Ele aparece primeiro, inspirado certamente por José Bonifácio, atacando João Soares Lisboa numa série de artigos relativos às eleições para a Assembléia Constituinte. Depois volta-se contra Luís Augusto May, sendo com toda a certeza o autor daquele artigo infame publicado no *Espelho* em janeiro de 1823. E, finalmente, por sua inspiração, De Loy publicará na *Estrela Brasileira* artigos contra José Bonifácio e seus irmãos.

May, De Loy e Araújo Guimarães são figuras que indicam um aspecto que a imprensa também trazia consigo. O "quarto poder", a possibilidade de uso da comprovada força da palavra para chantagear, para obter vantagens pessoais ou apenas para ganhar o próprio sustento alugando a pena. A vida era dura naquele tempo para os homens de letras. Os custos da publicação de um jornal eram altos e o retorno obtido com as subscrições mal davam para pagá-los. Como se manteria o jornalista? Como garantiria seu sustento?

O próprio Hipólito se queixaria nas páginas do *Correio* do enorme trabalho que tinha para publicá-lo, das despesas e da necessidade de desenvolver, paralela à atividade jornalística, alguma outra que lhe garantisse o sustento da família. A tentação de aderir a um padrinho era grande. Hipólito chegou a negociar com o governo português uma aliviada nas críticas em troca de recursos para o seu jornal. O acordo gorou. O jornalista rompeu com o embaixador português em Londres antes de concluí-lo. Mais tarde faria outro com o intendente de polícia do Rio, Paulo Fernandes Viana, para falar bem de d. João e da administração do próprio Viana. Este acordo prosperou. Mas diga-se em defesa de Hipólito que, antes ou depois desse acordo, ele sempre falava bem do rei. As críticas iam todas para os ministros. Hipólito separava a função de governar da simbólica que era representada pelo rei. Ao mesmo tempo, conhecendo a personalidade tímida de d. João pois vivera em Portugal durante a Regência deste, não o via como um déspota. E muito do que escrevia destinava-se também a esclarecer d. João sobre o que se passava à sua volta.

Hipólito tinha um projeto muito claro para o Brasil e o divulgaria no *Correio*. Independente do acordo que fizesse, não abria mão de sua essência — e esta era liberal. May, De Loy e Araújo Guimarães podiam e deviam ter idéias próprias. Dos três, May era o que tinha um ideário melhor definido, um ideário liberal. Suas idéias se assemelhavam às de Hipólito em muitos pontos, mas também estavam próximas das de Gonçalves Ledo e de seu grupo. No entanto May era extremamente venal e sua trajetória foi marcada pela divulgação dessas boas idéias em alternância com chantagens contra autoridades através de artigos cheios de insinuações maliciosas, espancamentos (sofreu um em 1823 e outro em 1829), seguidos de compensações materiais: indenizações ou promoções em empregos públicos. Graças a essas características, o Malagueta certamente foi o personagem mais visado pela sátira do período. Logo depois do primeiro atentado que May sofreu, o jornal de João Soares Lisboa publicou quadrinha que dizia: "Chamam sevis os Andradas,/ é calúnia, é falso, é peta./ São liberais de matar,/ que o diga o Malagueta." Tempos depois, outro jornal ironizava o drama do jornalista, insinuando que ele talvez merecesse apanhar mais e ganhar menos indenizações: "Caro Malagueta meu,/ O mundo pasmado está/ Do pouco que se vos dá/ Do muito que se vos deu!!!"

Araújo Guimarães, por sua vez, foi o primeiro jornalista profissional que o Brasil conheceu. Contratado pelos fundadores da *Gazeta do Rio de Janeiro*, exerceu o cargo de principal redator desse jornal até 1821, quando, renegociando sua participação nos lucros da empresa, não chegou a um acordo com seus empregadores e pediu demissão. Araújo Guimarães foi também o editor da primeira revista publicada no Brasil, *O patriota*, que entre 1811 e 1813 reuniu artigos da *intelligentsia* brasileira daquele momento. *O Espelho*, jornal que publicou de 1821 a 1823, foi a experiência menos honrosa de sua carreira de jornalista. A inclusão ali dos infames artigos de d. Pedro contra João Soares Lisboa e contra o *Malagueta*, além de artigos, versos e notas maldosas escritas por José Bonifácio e seus irmãos contra o exilado Gonçalves Ledo, deram uma imagem tão negativa ao jornal que ninguém lamentou seu fechamento em junho de 1823.

A imprensa da Independência tinha as características da imprensa européia do século anterior. Ao contrário do que já se conhecia na Europa, foram raros nesse cenário os jornalistas profissionais. Muitos padres acumulariam a condição de eclesiásticos e de funcionários públicos e jornalistas. A redação da *Gazeta do Rio de Janeiro* era uma mistura de redação propriamente dita com repartição pública e claustro, não só por conta do grande número de funcionários públicos e padres que nela escreviam como por, apesar de se classificar como um empreendimento de particulares, funcionar numa secretaria do governo.

Outro aspecto que chama a atenção quando acompanhamos os tantos debates travados pelos jornais da

Independência é a plena consciência por parte dos atores da importância histórica do momento, além da que iam adquirindo do papel da imprensa para a fixação de suas imagens junto ao público. Intuitivamente os jornalistas iam se dando conta das imensas possibilidades do jornal para a propaganda política. Possibilidades que o distanciavam cada vez mais do papel educativo inicialmente proposto. Ao longo de todas as campanhas em que se envolveram, os Andrada fizeram uso intenso da propaganda impressa aliada à agitação das ruas (espontânea ou mercenária). Sua volta triunfal ao ministério, em outubro de 1822, foi produto direto dessa política. Por uma série de circunstâncias fortuitas, a estratégia não funcionaria novamente em julho de 1823. Mesmo assim, mais do que a de qualquer outro de seu tempo, a imagem de José Bonifácio fixou-se definitivamente como a do patriarca da Independência.

Entre a partida de d. João VI para Portugal e a dissolução de nossa primeira Assembléia Constituinte por seu filho d. Pedro I, o Brasil viveu um período de intensas e profundas transformações. Promovidas por uma elite concentrada no sudeste do país, principalmente no Rio de Janeiro, mas com a força de elementos de São Paulo e de Minas, sofrendo os ecos do que acontecia em lugares distantes como Pernambuco e Bahia, dessas transformações foi motor e veículo a imprensa. Aquele curto período de nossa história, quando foram tomadas decisões cujas conseqüências se espraiam por toda a nossa vida de nação independente, foi o contexto em que política e imprensa se confundiram da maneira mais radical.

Cronologia

1808

23 jan D. João VI e a família real desembarcam na Bahia.

13 mai Criada no Rio de janeiro a Impressão Régia.

1º jun Lançamento do primeiro número do *Correio Braziliense*, de Hipólito da Costa, em Londres.

10 set Lançada no Rio de Janeiro a *Gazeta do Rio de Janeiro*, primeiro jornal publicado no Brasil.

1811

5 jan Carta Régia autorizando a fundação da primeira tipografia na cidade da Bahia, que logo passaria a publicar *A Idade d'Ouro do Brasil* (1811-1823).

1820

24 ago Eclode a Revolução Constitucionalista do Porto.

1821

mar Aparecem no Rio de Janeiro três jornais: *Conciliador do Reino Unido*, *Bem da Ordem* e *O Amigo do Rei e da Nação*.

26 abr De manhã, parte do Rio de Janeiro a esquadra que conduzia à Europa o rei d. João VI.

15 set É lançado no Rio *O Revérbero Constitucional Fluminense*, com grande repercussão.

2 out Surge um novo jornal, *O Espelho*.

12 dez Em resposta aos últimos decretos das Cortes, surge na praça do Rio o *Despertador Braziliense*.

18 dez Luís Augusto May lança o primeiro número da *Malagueta*.

1822

9 jan Dia do Fico. D. Pedro, atendendo às representações dos fluminenses, paulistas e mineiros, resolve ficar no Brasil, desobedecendo assim às Cortes constituintes da nação portuguesa que o chamavam à Europa.

11 abr O *Correio do Rio de Janeiro*, lançado na véspera, pede a convocação de uma Constituinte brasileira.

1º jun Decreto de d. Pedro convocando para o dia seguinte os procuradores das províncias.

3 jun Os procuradores requerem ao príncipe-regente a reunião de uma Assembléia Constituinte Brasileira.

18 jun Decreto regulando o julgamento dos delitos de imprensa no Brasil, assinado por d. Pedro e referendado por José Bonifácio.

1º ago João Soares Lisboa, primeiro jornalista julgado pelo crime de abuso da liberdade de imprensa, é absolvido.

7 set Proclamação da Independência do Brasil por d. Pedro.

28 out O ministério Andrada pede demissão.

30 out José Bonifácio volta ao ministério com seus poderes ainda mais fortalecidos.

2 nov Tem início a devassa conhecida como Bonifácia.

1823

10 jan Aparece no jornal *O Espelho* o artigo "Calmante da ou no *Malagueta*".

3 mai Abertura da Assembléia Constituinte por d. Pedro I.

6 jun Atentado contra Luís Augusto May, no dia seguinte ao reaparecimento da *Malagueta*.

16 jul José Bonifácio e seu irmão Martim Francisco deixam o ministério.

11 set Morre em Londres o redator e fundador do *Correio Braziliense*, Hipólito José da Costa, nascido em Sacramento a 13 de agosto de 1774.

5 nov O boticário David Pamplona Corte Real é agredido por fiscais do Exército, por ser suspeito da autoria de artigos atacando Portugal.

12 nov D. Pedro dissolve a Assembléia Constituinte.

Referências e fontes

- p.21-3: As opiniões do visconde de Cairu sobre a liberdade civil e de imprensa foram retiradas do *Conciliador do Reino Unido* n.7 (abr 1821).

- p.25-7: A mensagem de José Bonifácio para d. Pedro foi publicada na *Gazeta do Rio de Janeiro* de 02.01.1822. As palavras de ordem do *Revérbero Constitucional Fluminense* constam de seu n.15, de 12.02.1822.

- p.35: As ameaças de José Bonifácio estão em Octávio Tarquínio de Sousa, *José Bonifácio* (Belo Horizonte/ São Paulo, Itatiaia/ Edusp, 1988, p.161).

- p.38: O artigo atacando João Soares Lisboa saiu no *Espelho* n.74, de 07.08.1822.

- p.46: O comentário de Evaldo Cabral de Melo está em seu livro *Introdução a frei Caneca* (São Paulo, Ed. 34, 2001).

Nota sobre os periódicos citados

Os jornais que apareceram no Rio de Janeiro durante o período estudado aqui quase sempre publicavam anúncio dando conta do preço do exemplar avulso e da subscrição, que poderia ser mensal, trimestral e semestral. Os valores da assinatura giravam em torno de 400$00 a assinatura mensal, entre 1.600$00 e 4.000$00 a trimestral e entre 4.000$00 e 10.000$00 a anual. O exemplar avulso era vendido nas lojas dos livreiros estabelecidos na praça geralmente a 80$00, exceção feita apenas ao mais popular, alienado e longevo de todos, o *Diário do Rio de Janeiro*. Este ficaria também conhecido como "o diário da manteiga", pois seu valor unitário, 20$00, correspondia a uma porção de manteiga. Para se ter uma idéia de a que correspondia o valor de uma assinatura, basta que se diga, como nos informa Lúcia Bastos Neves, citando Maria Beatriz Nizza, que "uma empada de recheio de ave custava 100 réis; um arrátel [medida antiga correspondente a 459g] de lingüiça, 280 e um quartilho [0,6655 l] de tinta para escrever, 320 réis". (Cf. L.M.B.P. Neves, "Uma nova cultura política", in L.M.B.P. Neves e M. Morel, orgs., *Colóquio História e Imprensa*, Rio de Janeiro, Uerj, 1998, p.9.) As tiragens eram pequenas, entre 200 e 500 exemplares (os mais bem-sucedidos), e a maior parte ia mesmo para os assinantes. Deles dependia a sobrevivência do jornal e do jornalista. Num tempo em que o analfabetismo era imenso, muito do que dizia o jornal chegava à população através das leituras coletivas em praça pública ou em tavernas.

Abaixo, a relação dos periódicos citados aqui, acompanhados do nome de seu redator e do período em que estiveram em circulação.

O Amigo do Rei e da Nação. Ovídio Saraiva de Carvalho e Silva (mar-jun 1821).

Atalaia. José da Silva Lisboa, visconde de Cairu (31 mai-2 set 1823).

O Bem da Ordem. Cônego Francisco Vieira Goulart (mar-dez 1821).

O Conciliador do Reino Unido. José da Silva Lisboa, visconde de Cairu (1º mar-28 abr 1821).

O *Correio Braziliense ou Armazém Literário.* Hipólito da Costa (Londres, 1808-1822).

Correio do Rio de Janeiro. João Soares Lisboa (O jornal teve duas fases: 10 abr-21 out 1822 e 1º ago-24 nov 1823. Teve também várias edições extraordinárias entre 24 mai 1823 e 31 jul 1823).

O Despertador Braziliense. Panfleto de José da Silva Lisboa, visconde de Cairu (dez 1821).

Diário da Assembléia Constituinte e Legislativa do Império do Brasil. Teodoro Maria Biancardi (mai-nov 1823).

O Espelho. Manuel Ferreira de Araújo Guimarães (1º out 1821-27 de junho de 1823).

A Estrela Brasileira. Jean Baptiste De Loy (1823-1824).

Gazeta do Rio de Janeiro. Tibúrcio José da Rocha, Manuel Ferreira de Araújo Guimarães e Francisco Vieira Goulart (10 set 1808-31 dez 1822).

A Malagueta. Luís Augusto May (Edições regulares de 18 dez 1821-jun 1822, e extraordinárias até, possivelmente, 1833).

Reclamação do Brasil. José da Silva Lisboa, visconde de Cairu (publicado em 14 partes entre 9 jan-22 mai 1822).

O Regulador Brasileiro. Frei Francisco de Sampaio e Antônio José da Silva Loureiro (29 jul 1822-12 mar 1823).

O Revérbero Constitucional Fluminense. Joaquim Gonçalves Ledo e Januário da Cunha Barbosa (15 set 1821-8 out 1822).

A Sentinela da Liberdade à Beira do Mar da Praia Grande. Joseph Stephano Grondona (5 ago-11 nov 1823).

O Silfo. Antônio José Falcão (6 ago-1º nov 1823).

O Tamoio. Redação atribuída aos Andrada (12 ago-11 nov 1823).

Sugestões de leitura

Para conhecer de forma detalhada a sucessão de acontecimentos que cercam a **história de nossa Independência** vale a pena ter à mão a clássica *História da Independência do Brasil*, de Varnhagen. Também merece sempre ser consultada a consistente e bem pesquisada obra de José Honório Rodrigues sobre o assunto, e toda a admirável obra de Otávio Tarquínio Sousa sobre o período, que vem sendo recuperada pela moderna historiografia. E, naturalmente, o livro de Iara Lis C. Souza, *A independência do Brasil*, desta mesma coleção Descobrimento do Brasil (Rio de Janeiro, Zahar, 1999). Em Insultos impressos (São Paulo, Companhia das Letras, 2000) trabalho de forma mais circunstanciada a relação direta da Independência com o do surgimento da imprensa no Brasil.

Sobre a **história da imprensa** naquele contexto, além do muito conhecido livro de Nelson Werneck Sodré *História da imprensa no Brasil* (Rio de Janeiro, Civilização Brasileira, 1963), as melhores pesquisas são as de Hélio Vianna, *Contribuição à história da imprensa brasileira* (Rio de Janeiro, MEC/INL, 1945) e sua introdução à edição facsimilar de *a Malagueta — 1822*

(Coleção de jornais antigos, Zélio Valverde, Rio de Janeiro, 1945), além de seu clássico livro sobre o jornalismo de d. Pedro I. Outro trabalho indispensável é o livro de Carlos Rizzini, *O livro, o jornal e a tipografia no Brasil* (Rio de Janeiro/São Paulo/Porto Alegre, Kosmos/Erich Eichner & Cia., 1946). Do mesmo autor é também o excelente *Hipólito da Costa e o Correio Braziliense* (São Paulo, Companhia Editora Nacional, 1957), que compete com o livro de Mecenas Dourado, *Hipólito da Costa e o Correio Braziliense* (Rio de Janeiro, BibliEx, 1957, 2 tomos) pelo título de melhor biografia do autor. Não esquecendo, é claro, os trabalhos de Barbosa Lima Sobrinho, *Hipólito da Costa: Pioneiro da Independência do Brasil* (Brasília, Fundação Assis Chateaubriand/Verano, 1996) e a bem organizada *Antologia do Correio Braziliense* (Rio de Janeiro/Brasília, Cátedra/MEC/INL, 1977). Neste momento, a Imprensa Oficial do Estado de São Paulo, em parceria com o jornal *Correio Braziliense*, vem lançado no mercado a edição facsimilar do *Correio Braziliense* de Hipólito da Costa, organizada por Alberto Dines e por mim.

Os estudos sobre **história da imprensa no Primeiro Reinado** têm se difundido, com destaque para os trabalhos de Lúcia Bastos Neves, Lúcia Guimarães, Marco Morel e Tânia Bessone, professores do Departamento de História da Uerj, todos altamente recomendáveis.

Sobre o **ambiente intelectual** daquele momento ver, de Antônio Candido, *Formação da literatura brasileira* (São Paulo, Martins, 2ª ed. rev., 1962), e de José Murilo de Carvalho: *Teatro de sombras* (Rio de Janeiro, Iuperj /Vértice, 1988); e *A construção da ordem* (Brasília, UnB, 1981). Ver também o livro de Maria Beatriz Nizza da Silva, *Cultura e sociedade no Rio de Janeiro* (São Paulo, Companhia Editora Nacional, Brasiliana, vol.363, 1978). Sem esquecer o admirável ensaio de Kenneth Maxwell inserido em *Chocolate, piratas e outros malandros: ensaios tropicais* (São Paulo, Paz e Terra, 1999).

Sobre a **imprensa européia do século XVIII**, que tanto tem a ver com a que estudamos aqui, ver o livro de Maria Lúcia Garcia Pallares-Burke, *The Spectator — O teatro das luzes* (São Paulo, Hucitec, 1995).

Sobre a autora

Isabel Lustosa (nascida em Sobral, CE, em 1955) é autora dos livros: *Histórias de presidentes: a República no Catete* (Petrópolis/Rio de Janeiro, Vozes/Fundação Casa de Rui Barbosa, 1989); *Brasil pelo método confuso: humor e boêmia em Mendes Fradique* (Rio de Janeiro, Bertrand Brasil, 1993); *Nássara, o perfeito fazedor de artes* (Rio de Janeiro, Relume-Dumará, 1999); *Insultos impressos: a guerra dos jornalistas na Independência* (São Paulo, Companhia das Letras, 2000); e organizadora de *Lapa do desterro e do desvario: uma antologia* (Rio de Janeiro, Casa da Palavra, 2001). É co-editora, junto com Alberto Dines, da edição facsimilar do *Correio Braziliense (1808-1822)*, de Hipólito da Costa, que reúne os 29 volumes originais e uma coletânea de artigos de diversos autores. Isabel tem publicados dois livros infantis: *O Chico e o avô do Chico* (Rio de Janeiro, Depto. Geral de Documentação e Informação Cultural, 1996), que mereceu o Prêmio Carioquinha/1996, da Prefeitura do Rio de Janeiro, e *História dos escravos* (São Paulo, Companhia das Letrinhas, 1998). Escreveu, junto com Pedro Corrêa do Lago, o roteiro do espetáculo de som e luz do Museu Imperial de Petrópolis, drama histórico em torno da vida e do reinado de d. Pedro II (nov 2002). Doutora em ciência política pelo Iuperj, Isabel Lustosa é pesquisadora do Setor de História da Casa de Rui Barbosa.

Coleção Descobrindo o Brasil
direção: Celso Castro

A modernização da imprensa (1970-2000)
Alzira Alves de Abreu

O Brasil no império português
Janaina Amado e Luiz Figueiredo

Os intelectuais da educação
Helena Bomeny

A era do rádio
Lia Calabre

A invenção do Exército brasileiro
A proclamação da República
Celso Castro

O Estado Novo
Maria Celina D'Araujo

A belle époque amazônica
Ana Maria Daou

O livro e a leitura no Brasil
Alessandra El Far

O pensamento nacionalista autoritário
Boris Fausto

Os índios antes do Brasil
Carlos Fausto

Os brasileiros e a Segunda Guerra Mundial
Francisco César Ferraz

Rebeliões no Brasil Colônia
Luciano Figueiredo

Palmares, ontem e hoje
Pedro P. Funari e Aline V. Carvalho

A arte rupestre no Brasil
Sambaqui: arqueologia do litoral brasileiro
Madu Gaspar

As formas do espaço brasileiro
Pedro Geiger

Cidadania e direitos do trabalho
Angela de Castro Gomes

Negros e política (1888-1937)
Flávio Gomes

Código Civil e cidadania
Keila Grinberg

Como falam os brasileiros
Yonne Leite e Dinah Callou

Uma viagem com Debret
Valéria Lima

O nascimento da imprensa brasileira
Isabel Lustosa

Escravidão e cidadania no Brasil monárquico
Hebe Maria Mattos

Os evangélicos
Clara Mafra

O sindicalismo brasileiro após 1930
Marcelo Badaró Mattos

O período das Regências (1831-1840)
Marco Morel

Da Bossa Nova à Tropicália
Santuza Cambraia Naves

Arqueologia da Amazônia
Eduardo Góes Neves

História do voto no Brasil
Jairo Nicolau

O Brasil dos imigrantes
Lucia Lippi Oliveira

Política externa brasileira
Leticia Pinheiro

Ditadura militar, esquerdas e sociedade
Daniel Aarão Reis

A Independência do Brasil
Iara Lis C. Souza

Partidos políticos no Brasil (1945-2000)
Rogerio Schmitt

O Império em procissão
Lilia Moritz Schwarcz

Modernismo e música brasileira
Elizabeth Travassos Lins

A fotografia no Império
Pedro Karp Vasquez

Brasil de todos os santos
Ronaldo Vainfas e Juliana Souza